Reise durch Lappland

Umschlagfoto: Am Europäischen Nordmeer

Dirk Eickmeyer

Reise durch Lappland

oder
die Überwindung
der Schwermut

Fotos, Zeichnungen & Gestaltung
vom Verfasser

Gewidmet Heike, Dir gilt mein größter Dank, Markus, der guten
Seele, Chrissy, Pia, Mo, Gertraud & Sir Richard,
den 2 liebgewonnenen Nordlandfahrern Birgit & Gerold,
Friedemännchen und all den wenigen Vielen, die Zusagen nicht
an Bedingungen knüpfen, all den verbogenen Seelen,
eben denen, die einen geraden Weg gehen.
An Euch glaube ich, Euch trage ich in mir, ihr seid in meinem
Herzen.

Bibliografische Information der Deutschen Nationalbibliothek: Die Deutsche
Nationalbibliothek verzeichnet diese Publikation in der Deutschen National-
bibliografie; detaillierte bibliografische Daten sind im Internet über www.dnb.de
abrufbar.

1. Auflage November 2013
4. überarbeitete Auflage Dezember 2015

Eickmeyer, Dirk
dirk.eickmeyer@web.de

Reise durch Lappland *oder die Überwindung der Schwermut*

© 2015 Dirk Eickmeyer
Herstellung und Verlag: BoD - Books on Demand, Norderstedt
ISBN: 9783735760821

Was du auch heute getan hast,
ich wünschte,
Du hättest die Sonne gesehen.

Kurt Steiniger

Inhaltsverzeichnis

Prolog

Alexander von Humboldt vermerkt in seinem Reisewerk *Voyage aux régions equinoxiales du Nouveau Continent* (Reise in die Äquinoktial-Gegenden des Neuen Kontinents) über Teneriffa: *'Kein Ort der Welt scheint mir geeigneter, die Schwermut zu bannen und einem schmerzlich ergriffenen Gemüte den Frieden wiederzugeben, als Teneriffa...'*

Die kraftspendende Energie, die ich im November auf den Kanarischen Inseln verspüre, ist vergleichbar mit der heilenden Kraft Lapplands im Sommer.

Du bist weit weg
und immer hier.

Du füllst die Leere meiner Erscheinung
mit der Tiefe Deiner Augen.

Ich suche Dich in den höchsten Bergen
und in den tiefsten Schluchten.

Ich spüre Dich
in der Nähe der Versuchung,
in der Entfernung der Finsternis
und im Dunkel der hellsten Sonne.

Ich bin der Gestrandete ohne Namen,
am Ort ohne Richtung,
im Ozean ohne Grund.

Wenn Dein Gesicht mir schwindet,
schwindelt's mir.

Wenn Deine Konturen zittern,
schwanke ich.

Und der Schauer,
der mir über den Rücken kriecht,
wird einer sein...

Dann kommt die Stille,
die Deine Stimme in meinen Kopf hämmert.

Die Stille,
die unentwegt in mir schreit.

Die Ruhe,
die beständig in mir tobt.

Die Geborgenheit,
die mich an donnernden Felsgestaden zerschlägt.

Unsere Zuneigung haben wir getauscht
und nicht die Namen,
nicht die Namen...

Während Du aufblühst
verwelke ich...

Staub zum Staub

Die dunkle Zeit

Es ist Winter. Der Norden und das Licht sind fern. Die Sehnsucht führt mich auf fremde Pfade. Möwen schreien in der Nacht. Ich bin allein.

So verlassen ist der weite Polder bei Tønder. Gewichen sind die Ströme der Menschen. Übrig geblieben ist das weite flache Land, durchkreuzt von Deichen, ziehenden Brachvögeln und flötender Melancholie.

Ich, der Deichsitzer, bleibe zurück und sehe den
schreiend aufsteigenden Vogelschwärmen nach.
Welch' ergreifendes Schauspiel sich vor meinen Augen am westlichen, feuerrot durchtränkten Abendhimmel in dieser tristen Jahreszeit ereignet: Tausende
kleiner Strandläufer steigen auf, verdichten sich zu
Wolken, dessen Farbe regelmäßig zwischen hell und
dunkel changiert.

Diese Vogelmassen, Wanderer des Nordens, Naßwie-
senpunktierer und gleisende Wesen des Lichts, ziehen
an den Küsten Europas und Afrikas ihren bestimmten
Zielen entgegen.
Sie fliegen mit der absoluten Unbestimmtheit der len-
kenden Macht in die tägliche Ungewissheit freien
Luftraumes.

In meinem nächsten Leben werde ich eine Küstensee-
schwalbe sein. Unterwegs zwischen Spitzbergen und

dem Kap der Guten Hoffnung überfliege ich Meere, Gestade und Lichterwelten, die keine Gedanken an meinen *Schweren Mut* des ersten Lebens aufkommen lassen.

Mein Kopf ist so voll vom lichten, lappländischen Traum, ich zähle die Tage bis zum ersten Amsellied Anfang Februar...

Nebel fällt. Es beginnt die Zeit, in der alle Wesen ver-
schwimmen, zittern, sich auflösen.

Ich habe das Grauen gesehen, bitte begleite mich.

Heute werde ich mich erbrechen, um vielleicht schon
morgen aufzublühen.

Dieses Land liegt monatelang unter einer Nebelglo-
cke, deren Gestank allzu scharf nach Zufriedenheit
riecht.

Schwermut

Über Nacht ist Nebel gefallen. Tagsüber durchstreife
ich den Herbstwald.
Der Nebel hält sich den ganzen Tag. Er ist in meinem
Kopf und fühlt sich dumpf, schwer und wattig an. Es
gelingt mir nicht, ihn zu überwinden.

Zu schwer und zu träge,
er drückt mich an die Erde.
Und das Licht,
das Licht,
das find' ich heute nicht.

Seit drei Tagen hat es beinahe ununterbrochen ge-
schneit. Zwei Skilangläufer ziehen ihre Spur über die
Hochflächen westlich der Westerwalder Fuchskaute.
An diesen Tagen ist alles einfach Grau...

Kein Stern stürzt vom Himmel

Sonne steht hoch.
Sonne steht tief.
Kein Stern zieht seinen Schweif.
Dieses Leben schweift sternenleer.

Kein Lichtpunkt, der strahlt.
Kein Orion, der die Richtung weist.
Kein Nordstern, der mich führt.
Wo gehe ich hin?
Wer erwartet mich dort?

21. Dezember

Heute erreicht die Sonne zur Mittagszeit die geringste
Höhe; sie steht zu keiner anderen Jahreszeit auf der
nördlichen Erdhalbkugel so tief.
Es ist die Zeit, in der der Mond regiert. Sein Stand ist
nun bezüglich des Meridiandurchgangs höher als der
der Sonne.

Diesen Tag feiern wir.
Die Menschen, die mir hier Jahr für Jahr begegnen,
sind so, wie ich mir Menschen wünsche: Aufrichtig,
geradeaus, maskenlos!
Ab morgen werden die Tage wieder länger, es geht
bergauf: Mehr Licht!

Das frühe Jahr zählt seine Tage noch. Es sind die letzten Stunden im Januar.
Beinahe, kaum merklich, schwappt vages Licht über den Horizont. Es ist wie ein kleiner Ausgang aus der Winterwelt.

Hoffnung, ein bisschen Hoffnung.

Doch auch der böenscharfe Wind aus Südwest vermag das graue Wolkeneinerlei nicht wegzuschieben.
Scheinbar unaufhörlich fließt es aus unsichtbarer Quelle nach.

Für Dich habe ich sie bewegt, mehr nicht, denke ich.

Schwer lastet das Grau des Wintergewölks auf meinem Gemüt. Nichts ist so beharrlich wie die bitterkalte Zeit.

Die Menschen meiner Umgebung wähnen sich noch im Sommer, wenn die Temperaturen im September nach oben schießen.
Die einst von kreischenden Mauerseglern pfeilschnell durchflogene Juliluft ist leer geworden. Und genau diese Leere ist es, die ich als Schwere empfinde; bleiern, drückend, nicht endend.

Die harsche Zeit beginnt Ende August und endet Anfang Februar, wenn die erste Singdrossel singt.

Ich sehe in mein Steingesicht und denke: Das ist des Winters ureigenstes Kind.

In ausgereiften Fruchtständen finden sich ätherische Öle, die in der Zeit des Hochsommers eingelagert wurden.

Jetzt, im tiefsten Winter, verströmen sie einen Duft, der mir eine ungefähre Erinnerung ans Leben gibt.

Regenpfeifer

Ich denke an den kleinen Kerl
im Wind am Strand
und das Meer.

Ich weiß nicht,
ob der kleine Kerl traurig ist,
ob er den Tod kennt
und nicht weiß,
wo er wohnt.

Sein Lebenselement ist mein Frühling im Winter auf
Amrum am großen kalten Meer.
Ob ihn der Tod in der Tundra, auf dem Zug, über dem
Meer, dem Strand von Amrum oder dem tropischen
Afrika überrascht, sein Körper wird irgendwo da
draußen sein, da draußen in den unendlichen Unend-
lichkeiten der Weiten, ohne das dunkle tiefe Grab, in
dem kein Wind weht, in das kein Sonnenstrahl ge-
langt, das keine Gischt irgendeines Meeres erreicht
und in dem ich friere, heute, jetzt und immer.

Im Winter wechselt die Farbe des Abendrotes. Jetzt gleichen die Farben am Abendhimmel der Altarfarbe der katholischen Kirche im Advent. Mein Tiefpunkt, die dunkle nicht endende Jahreszeit, ist erreicht.

Das Gefühl ist so schwer, wie die steinerne Decke, die mich erdrückt, weil mir die Luft zum Atmen nicht reicht.
Zwischen Autobahnkiosk und Enddezemberluft suche ich die grüne atlantische Insel, deren Gestade ich nicht kenne, weil ich ihre Strände so liebe.

Die Uhr zeigt mir eine Zeit an, die ich nicht begreife, wenn ich aus dem Fenster ins Draußen starre.
In dieser Unbegreiflichkeit geht mir das Gefühl verloren, das bei einer Tasse Tee gezeugt wurde und in der Wehmut endet.

Und die Frage, was ich uns wünsche, stellt sich nicht mehr. Sie ist tagtäglich anwesend:

Guten Tag, ich wünsche uns einen schönen Frühling...

Die Stille des nordischen Waldes, in unseren Breiten ist sie zum Stein geworden. Selbst wenn der Stein Lichtblicke zulässt...

Die Lösung

Wenn alles zu schwer ist, sagte mir der samische Jäger Gárral, dann suche Orte der Ruhe und des Friedens auf.

Meine Begleiter

Struppi

Er gibt alles,
Aufmerksamkeit, Liebe und Dasein
und das ohne jegliche Übertreibung.

Und ich,
tauber Atem meiner selbst,
tumb und einfaltslos
gegenüber diesem aufmerksamen Du an meiner Seite

Ich,
nur fähig punktuell zu erwidern,
was mich manigfach überschüttet.

Ohnmächtig von dieser Liebe
erkenne ich im Nachhinein
die Größe seiner Selbstverständlichkeit.

Weitere, wichtige Reisebegleiter sind die Musik und meine stillen Freunde.
Sie sind gegangen, doch stets präsent.

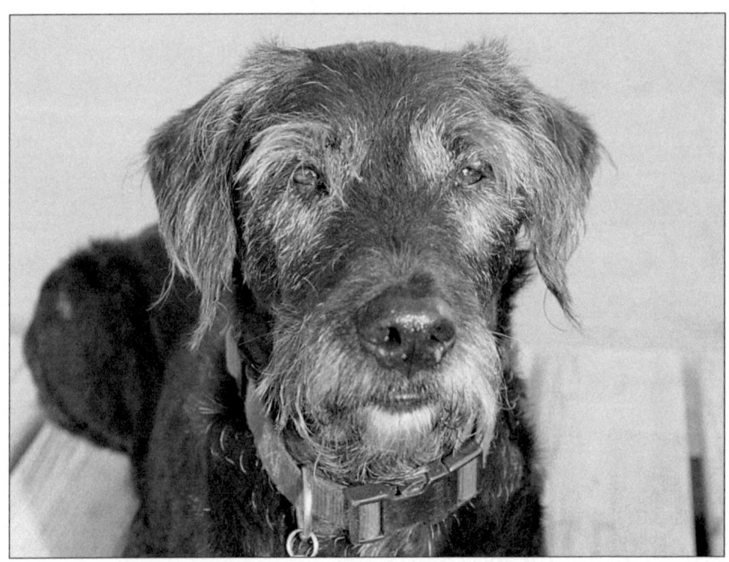

Ich stamme aus dem ostwestfälischen Hügelland und denke in Fragmenten.

Zu verschiedenen Gegebenheiten begleiten mich unterschiedliche Worte, oft kostbare Schätze, die mir nahestehende Menschen mit auf den Weg gegeben haben:

Löse dich aus dem Rudel!

Was ist, ist, und was nicht ist, ist nicht!

Die Wirklichkeit ist nicht zu bremsen!

Kämpfe um dein Glück, als ginge es um dein Leben!

Besonders große Bedeutung hat der folgende Satz: Suchst Du nach einer helfenden Hand, schau an Deinem rechten Arm herunter, dort findest Du sie!

Die Entscheidung

Raus aus der Schwermut und das Weite suchen!

Man kann gerade durchs Leben gehen.
Ich werde meinen eigenen geraden Weg beschreiten.

Wir sitzen im wilden Garten mit Tee, Keksen und ganz
vielen Gedanken an die Sehnsucht und das Leben...

Der Hausrotschwanz sieht uns zu.

Für viele Menschen sind die Landschaften des Nordens reizvoll; doch das Wetter ist ihnen zu unbeständig, und das ist der Grund, weshalb sich dort der Tourismus in Grenzen hält.

Dieses Buch wird kein Plädoyer für Lappland. Für mich ist Lappland einfach nur grenzenlos, großartig, klarluftig, hell und verschwiegen still.

Vor allem die ungeheure Fülle von Licht ist es, die mich magisch anzieht.
Nach dem langen, grauen, deutschen Winter ist mein energetisches Potential auf dem absoluten Nullpunkt.
Es gibt kein stärkeres Ladegerät als die ganztägige Sonne nördlich des Polarkreises.

Ich verlasse das Land der nicht gemähten, hochsom-
merzarten Wiesen,

das Land des Sommerweizens und seines fahlen, fal-
ben Lichts
und das Land der fetten, fischreichen Wasser,

nur um die weiten Weiten der Einöde zu erreichen.

Hier gehe ich auf.
Hier werde ich klar.
Hier bin ich Ich.

Was gestern unlösbar erschien, hier ist die Lösung.

Was mich noch gestern nach unten zog, heute fliege
ich.

Parfüms, was seid ihr gegen das duftende Meer myri-
adenfacher Schlehenblüten?

Oh ihr zärtlich in dahin gehauchter Milde Wankenden,
Verströmenden,
überschwänglich Verschenkenden.
Ihr seid die wahrhaft Betörenden,
flankiert vom monotonen Zweiton eines Weidenlaub-
sängers,
vom hell klingelnden Frühlingsgeläut der Blaumeisen
und vom raumfüllenden Gesang der Amsel.

Die Düfte dieses Tals sind mein stiller Zauber, meine sanfte Verführung inmitten eines jubelnden Frühlings, der in mein Leben donnert.

Zum Teufel, der Frühling ist unwiederbringlich.

Ich streife durch den feuchten Wiesengrund, Struppi sucht nach Mäusen. Es ist warm, die Luft steht. Dieser Tag trieft vor Frühling!

Es ist Zeit loszuziehen, um das zu suchen,
wonach das schweigende Herz schreit...

Die Anreise

Auf der Straße morgens um drei

Ich fahre weiter nach Norden,
unendlich weiter,
ohne Zeit für Raum und Sinn.

rastlos
immer
weiter

...über noch verrücktere Straßen als diese hier,
und Schwedens Nacht leuchtet in grüner Versuchung.

Bald geht die Sonne auf und ich geh mit ihr unter.
Und wenn Schweden erwacht, dann schlaf ich ein.

Umeå in Västerbotten
Ich denke:

Sich von Menschen lösen, für die unsere Sternstunden sternenunfassbarweit zwischen Beton und Wirklichkeit liegen.

Es gibt Orte in meinen Träumen,
die sind so wahr,
die sind sooft geträumt,

dass ich nicht zu unterscheiden weiß:
Ist es Traum oder Wirklichkeit?

Tief steht die Sonne, warm flutet mir gleißendes Licht entgegen.

Mittelschweden im Juni.

Ich fahre dem ewigen Tag entgegen, ewig für die Begrenztheit meines lappländischen Alltags.

Willkommen Dirk!

Willkommen im Licht!

Es ist frisch geworden, als ich mich unter meine Wolldecke lege.

Über mir flackern die Lichter des grenzenlosen Sterneneinerleis.

In der tiefsten Nacht und Dunkelheit vernehme ich den Ruf des Kuckucks aus dem Moor. Irgendwann schlafe ich ein in dieser Nacht der Nächte.

Ich erwache früh, es ist hell. Ich sehe zum Morgenrot über dem Moor. Ein Fuchs kreuzt den Pad, Brachvögel trillern auf der gemähten Wiese...

Mitternacht ist vorüber. Im Süden beginnt sich die Nacht zu behaupten. Ein letzter Stern flackert vage über dem nördlichen Horizont. Åland schlummert irgendwo da draußen im Nordosten auf dem Spiegel des weiten Himmelgewölbes.
Mitternacht ist soeben vorüber, doch Nächte wie diese sind zum Schlafen zu früh.
Möwen schreien über dem Wasser und die Schönheit des heutigen Tages hat soeben begonnen.

Der Tag ist grandios. Ich liege im frischen Mitternachtswind und werfe meinen Blick auf die Inseln, die flachen Felsgestade und vielen, glattgeschliffenen Steinerhebungen
Wie Scherenschnitte liegen die schwarzen Abendwolken unbeweglich über der leise rauschenden Meeresenge zwischen der nördlichen Ostsee und dem Bottnischen Meerbusen.

Eine Stunde vor Mitternacht versinkt die barmherzige Sonne unerbittlich im Rot des Westens. Ich fahre dieser *Roten Sonne* entgegen.

Ab morgen wird die Sommersonne die Herrschaft am Himmel übernehmen. Fest umstrahlt sie das besitzende Zepter.

Kein Stern, der blinkt.
Kein Mond, der scheint.
Norden, ich komme.
Lappland, ich eile.
Mittsommer, ich fliege.

Die Ziele:

Överkalix - Pitjasjåkko - Låktatjåkka - Moskenesø - Værøy - Lurfjellet

Mitternacht in Luleå.
Die Menschen feiern, am Ortsrand tritt eine Elchkuh aus dem Birkengehölz.

Överkalix

Es ist 2:00 Uhr. Ich raste am nächtlichen See bei Överkalix.
Aus den nassen Wiesen tönen die melodischen Rufe
der Brachvögel, Wachholderdrosseln überfliegen
mich *schnackselnd* und *querkelnd*, eine Bekassine lässt

ihre Federn vibrieren, eine andere ruft unaufhörlich
ein monotones *tü-ke, tü-ke, tü-ke* aus dem Sumpf.

So innig tief ist meine Zufriedenheit.
Wieder erlebe ich eine Nacht der Nächte.

Pitjasjåkko

Die Hütte am Kaalasjärvi...

und mein tag- und nachthelles Nachtlager, umgeben von klarer Luft und Ruhe.

Ich habe geschlafen, ich habe sehr lange geschlafen, und ich habe gut geschlafen, verdammt gut. Es geht mir prächtig. Es bedarf so wenig zum Glück.

das Sommergewölk über den Bergen

Das erste Ziel der Ziele, der Pitjasjåkko liegt zum Greifen nah.

Beinahe strömungslos, die frischperlenden Wasser des Flusses.

Wird es mir gelingen, die kalten, klaren Wasser des Kalixälven zu Fuß zu durchwaten? Die Wasser umströmen Inseln, die das Einschätzen der wahren Breite des Flusses vereiteln.
Ohne die Hilfe des Samen Kárral Pirak hätten wir den von Schmelzwassern berstenden Strom nie queren können.
Die Flussfahrt in Kárral Piraks Boot ist pures Vergnügen.

Wie ist das Land so weit!

Kein Zweifel, auch mein Hund Struppi genießt die Weite der Wildnis.

Am südlichen Ufer wohnen keine Menschen.

Lichter mooriger Wald empfängt uns. Bei jedem Schritt schwingt der Boden. Wir wandern wie auf einer Unterlage eines meterdicken Schwammes dem Berg entgegen.
Das Plateau des Pitjasjåkko ist in einer Tagesetappe nicht zu erreichen. Mir fehlt es an nötiger Ausrüstung und Proviant.

Zu weit ist das sumpfige Land zwischen dem seeartigen Holmajärvi und dem Beginn des Berges, um es an einem Tag hin und zurück zu durchqueren.

So werde ich mich für heute mit dem östlich des Pitjasjåkko gelegenen Aptasvare begnügen.
Immer wieder verharrt Struppi, um die ungezählten, neuen und fremden Witterungen aufzunehmen.

Der Aufstieg

...sich von Wolken und Gewürm distanzieren.

Die Klabautermänner habe ich am Fjord zurückge-
lassen, die mit üblen Energien beladenen Menschen
einfach, wie Kárral mir geraten hat, aus dem Boot ge-
worfen und die alten Seelen der Vergangenheit, die
blieben daheim.

Hinter dem flachen Sumpfland begegne ich Ásllak
Paltto, einem Nomaden. Wir sprechen über die für ihn
unantastbare Freiheit.
Freiheit bedeutet für ihn, das zu tun, wonach ihm ist...

Ásllak sagt dem Zauderer:
Ich werde dich lehren,
was es heißt,
mich bestimmen zu wollen.

Du,
der du dem Donner zürnest
am Fuße des erbosten Felsmassivs,
des blitzenden Berges.

Ich bin des Zauderns überdrüssig,
werfe Felsen auf die Bestimmer,
mit denen ich kein Erbarmen habe,
kein Erbarmen.

Der Hang wird steiler, der Wald wird lichter. Kárral Pirak hat mir Fotos eines Braunbären, den sein Freund Mihkku vergangene Woche am Fuß des Passe-

aive erlegte, gezeigt. Wir bewegen uns also durch Bärenland.

Ich bin genauso wach wie mein Hund.

Während Struppi seiner kühlen Schnuppernase vertraut, suche ich das Gelände weiträumig mit den Augen ab.

Kein Bär ist zu sehen, doch Kratzbäume lassen keinen Zweifel an ihrer Anwesenheit.

Das Gelände wird steiler und unwegsamer. Längst haben wir den lichten Sumpfwald und seine Moskitos am Fuße des Berges verlassen.

Mein Hund eilt mir stets leichtpfotig voraus. Auf der nächsten Anhöhe wartet er, um zu sehen, wo ich bleibe.

Struppi liebt Schnee. Kein Schneefeld wird ausgelassen, um sich ausgiebig darin zu wälzen. Anschließend werden weite Runden in höchstem Tempo gedreht. Das ist kein Bewegungsdrang, das ist pure Lebensfreude.

Mitten in einem Schneefeld, das nicht mehr lange in der Lage ist, der Sonne zu trotzen, lege ich mich auf eine freigewordene Felsinsel. Es ist windstill. Es ist warm. Ich nehme ein ausgiebiges Sonnenbad. Der Winter ist besiegt.

Immer weiter wird mir die Welt, mein Herz rast vor Zufriedenheit.

Aufs Plateau muss ich gehen und suchen, was ich längst verloren habe. Zuweilen durcheilte ich Asphaltschluchten, die so tief sind, wie mir grau vor den Augen wird.

Das Plateau

Hier finde ich die Sehnsucht, die ich in der Leere
grauer Gefilde verloren habe.

Wir haben die Höhe des Aptasvare erreicht. Diese
Welt ist so weit und licht und fern aller Sorgen.
Wie deutlich zeigt sich der nahe Geist des Großen.
Alles wird so greifbar nah.

Weit schweifen unsere Blicke zum Pidjasjåkko.

Ach, ich liebe diese klare reine Luft,
diese Luft, die rein ist von Lüge,
frei von Machenschaften und Fremdbestimmung.
Mit dem unerschütterlichen Glauben an freies Denken
lehne ich jede Form von Bevormundung ab.

WIR sind es
wir stürmen auf Berge
wir drängen in tiefste Schluchten
wir erobern und kämpfen nieder
wir

wir sind es
wir wissen nichts
wir haben das Leben nicht verstanden
wir leuchten und sind dunkel
WIR

Ich betrete das Plateau, voll von werdendem Grün und faulendem Gestein.

Weit entfernt oder ganz nah wimmert ganz leise ein Wesen in seinem Versteck unter diesem weiten sternenlosen Himmel.

Der König der Könige hat es nicht bemerkt.

In dieser gnadenlos strahlenden Welt verstummt der Laut, verweht der Schrei, alleingelassen zwischen Moos und Gezweig.

Ein Goldregenpfeifer sieht mich an.

Gott ist groß.

Einige Tagesmärsche von hier Richtung Westen liegen die Bergketten um den Gipfel des Kebnekaise.

Östlich der Berge erstreckt sich das schwedische Waldland.

Sámmol, der Nomade des Tieflands, zieht auf die Höhen, auf denen wir uns begegnen.
Ich sehe in seine alten, tiefliegenden Augen.
Sie haben nicht gebüßt. Sie sind noch immer wie Sommer, wie Morgen, wie Tau und klar.
Das Licht, das sie ausstrahlen, ist von gehämmerter Brillanz. Tausend Amethyste verblassen daneben.

Tausendschön

kein Lamm Gottes
soweit die Augen sehen
soweit die Träume fliegen

schwach, bedürftig, klein, hilflos
weit und breit

gnadenlose Wildnis
soweit die Augen sehen
soweit die Träume fliegen

eisenhart, klar, opferreich
weit und breit

Tausendschön

Die Fjäll-Flora erwacht.

Meine Ohren vertauben vom Donnerhall dieses un-
verschämt zügellos sich verströmenden Frühlings.
Halte ein! Adagio!

Auf dem Plateau:

Der Sommerwind, das Licht, die weiten Waldebenen
am Fuße des Berges.
Ich hole mein tragbares CD-Abspielgerät aus dem
Rucksack und höre Vivaldis Vier Jahreszeiten.

Ich interpretiere sie auf meine Weise.
So nehme ich die im beginnenden Winterzyklus, dem
Allegro non molto, anfängliche rastlose Unruhe heu-
lender Geigen, vergleichbar dem flinken, hektisch am
Boden umherlaufenden Eichhörnchen, das letzte
Nüsse vor der bevorstehenden Winterzeit versteckt,
als zu besänftigende Hektik eines Anfanges wahr.
Dann folgt die große, stille Winternacht, der mittlere
Teil des Winterzyklus, das *Largo*, das der Vollendung
recht nahe kommt, um anschließend im letzten Teil,
dem *Allegro*, in lang ersehnter Erfüllung aufzublühen,

zu werden zu vergehen.

Was für ein Finale, was für eine Größe, was für eine Kraft, die mich in all ihrer Stärke aufweicht.

Vivaldis Winterzyklus, das ist die Ankunft, das ist das Ziel, das ist die Sinfonie des Lebens.

Ja ist denn der Winter das Höchste, das Größte und nicht das Werden eines Frühlings, die Ankunft des Lichts, oh Herr, dann sage mir, wenn dies so ist, wenn dann der Winter und nicht der Frühling die Vollendung des Kreises ist, warum übersprudeln mich dann tagtäglich die warmen Farben des Werdens in diesen Bergen, auf diesen Plateaus?

Am Südufer des Holmajärvi
Im Moor rufen Kuckucke.
Jeden Moment wird Kárral Pirak mit seinem Boot ein-
treffen, um uns in die Zivilisation zurückzuholen.

Ich sehe das Wasser, ich blicke zum Himmel und
denke:
Das Blau des Himmels im Sommer ist anders
als das Blau des Himmels im Herbst.

Struppi genießt den Fahrtwind.

2:30 Uhr erreichen wir die Landstraße. Der nächste Bus kommt in zwei Tagen. Die Haltestelle ist ein gemütlicher Rastplatz für die Nacht...

Låktatjåkka

bist Du...
das Schweigen meines Telefons?
die Unruhe zwischen meinen Träumen?
der Schatten meiner Angst?
das Ausbleiben meiner Zuversicht?

oder bist Du...
das Silber des Wintermondes?
der Ruf des Abendvogels?
der Zauber meiner Stille?
der unsagbare Reichtum des werdenden Tages?
oder einfach nur
das Du meiner Selbst!

Die Sommersonnenwende ist vorüber. Während der letzten Tage wurde überall in den Dörfern und Städten gefeiert. Heute ist Johanni.

Und noch immer schmilzt und schmilzt der Schnee im Fjäll.
Die Flüsse, die aus dem Gebirge kommen, führen kaltes klares Wasser.

Die Straße windet sich hoch zum Bonjovárri.
Alles wird abstrakter und doch viel wirklicher, ein Labsal für meine Seele.
Die Landschaft ist betörend wie der Wein zur Mitternacht.

Es ist so hell hier draußen. Gibt es schöneres, als im hellsten Hell einer solchen Mittsommernacht einzuschlafen.
Um mich herum Weite und immer wieder Licht.
Gott, erhöre mein Gebet, speichre ein wenig dieses Lichts in mir für die bevorstehenden deutschen Winternächte.

Auf einer nahegelegenen Moorfläche steht ein Birkhahn vor der Schneebergkulisse, die endloser ist als endloses Moor, als nicht endende Dämmerung und als endlose Verrücktheit, die durchkreuzt wird von vier Rens und einem Gedanken:

Hier ist das Wunder!

Wir wandern zum Låktajaure.

Fichten, Kiefern, Birken, Blaubeerblüte, Sonnentau, Fitis, Kuckuck, Steinschmätzer, Moore, Bäche, Wolken, Schnee, Sonne und viel Gefühl tobt in mir.

Eine weitere wahnsinnige Wanderung, die wahnsinnigen Berge, die höchsten Regionen zwischen Schnee und knospenden Birken und wir, wir dürfen hier sein. Was für eine Gnade!

Ich spüre das satte Leben und rufe in die gottverlassenen Fjells, ob es dich gibt und wo du bist.

Die Antwort ruft ein unbekannter Vogel, ein eintöniger Nordlandbewohner, ständig und versteckt, weil ich ihn nie sehen kann und er so gegenwärtig ist wie die Schneeflocken der zügellosen krüppelbaumbestandenen Berge im Juni.

Meine ewige Liebe gehört den Tundren, Wüsten, Mooren und Meeren. Diesen Monotonien gegenüber empfinde ich große Verbundenheit.

Ihre Stille und ihr Nichts beflügeln mich. Das ewige Streben der Menschen nach *Dingen* macht unglücklich.

Gerade diese reduzierten Landschaften bringen mich auf den Boden.

Der Weg durch diese Welten macht mir klar, dass allein die Kraft des Geistes und der Liebe trägt.

Hin und wieder begegnen mir Menschen in ihrer
ganzen Niedertracht.
Verachtung und Wut kommen auf.
Sámmol sagte zu mir, wenn du wütend bist, dann
schrei' die Wut heraus in die Winde.
Meine Schreie verhallen an einem moorigen Hügel-
kopf südlich des Sees.

Auf einer Steininsel ganz in meiner Nähe putzt ein
Flußuferläufer sein Gefieder.

Verstört vom unbekannten Schrei verlässt er mich
und landet weiter entfernt auf einer Kiesbank.

Die nächtlichen Höhen sind ins warme Licht der
Nachtsonne gehüllt.

Moskenesøy

Auf Moskenesøy denke ich:

ihr Zerstörer der Berge
Beflecker heiliger Erde
Taumler im Rausch
zaudert dem Mittsommer
ohne den ich nicht leben kann

für den Tag Eures Erscheinens
im Inferno
ewiger Hölle Sturm
Zerschneider des Friedens
Verspötter des Nachtvogels Ruf
in unendlicher Blindheit Flug

Ich lebe in Kontrasten.

In den Tälern auf beinahe Meerespiegelniveau, an den
Küsten und Fjorden sprießt fettes, sattes, saftiges
Grün. Dort weiden Kühe und für Augenblicke vergesse
ich, dass ich in Lappland bin.

Doch immer wieder verspüre ich den Drang, hinauf in
die Berge zu wandern. Dort finde ich die unbezwing-
bare, unverfälschte Wildheit der Wildnis, die mir
tiefstes Wohlbefinden einhaucht. Ich lebe.

In der tiefsten Tiefe der Mitsommernacht erreiche ich
den Vatnfjorden.

Im westlich vorgelagerten *Risøya Naturreservat*
werde ich von den melodischen Rufen der Rot-
schenkel, dem Trillern der Brachvögel und dem lauten
Geschrei der Austernfischer begrüßt.

Der Fieberklee steht in voller Blüte.

Steinschmätzer, sie sind die Bewohner der steinigen Geröll-felder.

Værøy

Der Sand hat die Farbe der peruanischen Wüste am frühen Tag.

Ich sammle die Farben des Sandes, um sie vielleicht schon morgen wieder in den Wind zu werfen.

Müde bin ich von den Eindrücken der Vielfalt.

Dieses Land hat mich wieder.

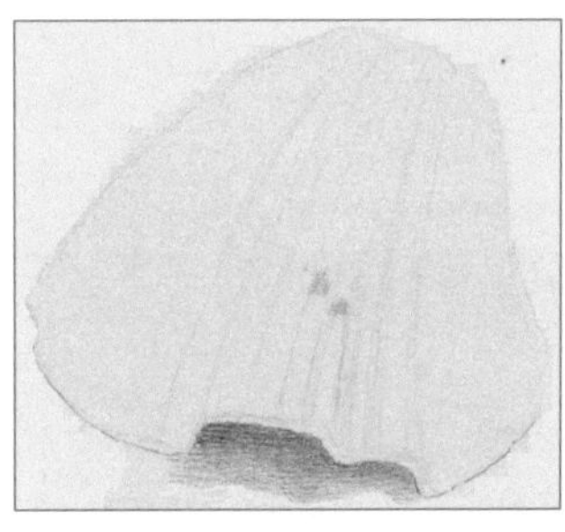

Das Fotografieren schärft meine Sinne.

Ich sehe anders, entdecke Details, nehme das Licht wahr.

Oft setze ich das Licht als bestimmende Bildnote ein.

Doch den wahren Reichtum an Details erkenne ich nur dann, wenn ich länger an einem Ort verweile, als das Auslösen des Kameraverschlusses an Zeit in Anspruch nimmt.

Ich benötige einen Bleistift, einen Radiergummi, ein Blatt Papier und Zeit, um die soeben gesammelten Muscheln zu zeichnen.

Jetzt eröffnet sich mir eine neue Welt, eine Welt, die sich mir nicht in einer Fotografie oder dem bloßen

Sammeln der Muscheln erschließt; ich beginne Details zu sehen, die ich nie zuvor an einer Muschel wahrgenommen habe.

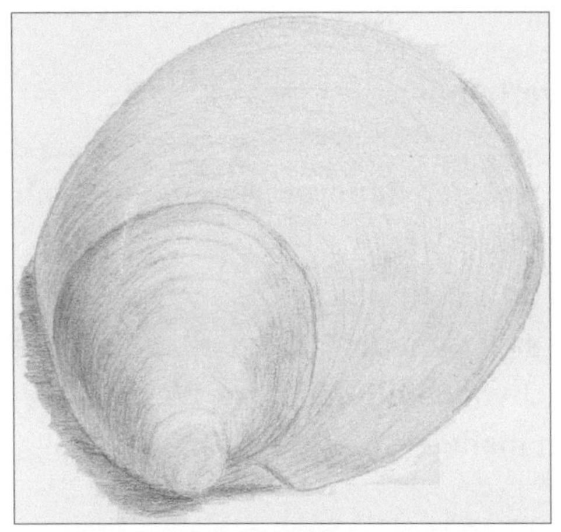

Was ist wichtig?
Was ist hier draußen von Bedeutung?
Der Himmel ist weit.
Die Luft ist klar.
Ich bin grenzenlos verbunden.

Doch die Trennung von den anderen Wesen zeigt mir meine Grenzwertigkeit.

Und dann lässt sich wieder der allabendliche Schwarm Regenbrachvögel auf den vom Wasser frei-gewordenen Sanden nieder.

Jetzt weiß ich, was wichtig ist...

Die heutige Tagesetappe überschreitet meine körperliche Leistungsgrenze. Die Beine werden wacklig, der Schritt zusehend unsicherer.

Diese Wanderung wird zur Grenzerfahrung. Meine Vorsicht beim Gehen, zunehmend auf Trittsicherheit zu achten, schwindet. Mit jedem Schritt werde ich durstiger.

Der Seewind entzieht mir wahrlich die letzte Feuchtigkeit.

Im verlassenen Dorf Måstad soll es einen Brunnen geben.

Måstad

Südlich von Måstad finde ich ein Hinweisschild mit der Aufschrift *Vann*, was zu Deutsch Wasser bedeutet. Der Brunnen ist nicht mehr weit.

Hinweis auf Wasser

Kein Getränk der Welt schmeckt heute besser als Wasser. Wasser ist so wertvoll.

Die Schwengelpumpe fördert das eisige, köstliche Wasser aus dem Boden.

Meine innere Stimme: *'Wo ist das Glück?'*
Ich: *'Hier!'*

Die grünen Plateaus,
der Wind, das Licht & die Magie

Reviere der Lummenjäger,
die Welt der Seeadler.
der weite, lichte Ozean.

...streu' meine Asche in den Wind.

Der Ausblick vom Plateau über das Europäische
Nordmeer.

Angekommen im Hoch oben:
Nur noch gleiten, segeln, leben, einfach leben.

Abschließend:
Jagd, Spiel, & Sturz
Geschwindigkeit & Rausch
Sehnsucht & Vollkommenheit.

Oh geliebtes Værøy,

ich hänge an Deinem stürmischen Atem,
der die Gräser des Plateaus peitscht.

Ich stehe auf Deinem Felsen,
von dem sich der Seeadler abstößt,
um über dem eisigen Ozean,
der Dich umgibt
das Aufwärts zu finden.

Das Aufwärts,
das ich vermisse,
das ich suche,
und ohne das ich stürtze
in unendliche Tiefen
jäh.

Versäumnis:

Nie zuvor habe ich blühende Kerbelwiesen durch-
streift.
Wusste nichts vom verströmenden Duft unendlicher
Zärte. Nur ein rivalisierendes Bild kann ich zulassen:
Das betörende Aerosol der Schlehenblüte im März
oder April, begleitet vom Summen erwachter Blüten-
bestäuber.

Dieser Sommer ist satt. Dieser Sommer ist reich, unendlich reich und verschwenderisch.
Er verströmt sich aus allen Poren, ich kann mich einfach nicht satt riechen.

...die Kerbelblüte

Der Zauber des schönsten Strandes der Welt am Fuße
des Donnerberges...

... ob man der größten Liebe seines Lebens nur einmal
begegnet?

Was für einen stürmischen Empfang wird es geben,
wenn wir uns im Himmel wiedersehen?

Wenn das ganze Jahr nur Sommer wär', woher nähme
ich dann die Farben des Herbstes?
Wohin brächte ich die Traurigkeit eines Winters?
Und meinen Neubeginn im Frühling, den gäbe es erst
gar nicht!

Die süßen Früchte der Felsenbirne.

Die Aussicht auf die Vogelinsel Mosken inmitten des Mahlstromes und die nördlich des trennenden Wassers gelegenen Berge von Moskenesøy.

Wer die Sonne zur Mitternacht nicht gesehen hat, der kennt diesen Planeten nicht...

Dieses Meer, es ist ein immer neues Gewähren...

Værøy, am Sanden...

Meine Sehnsucht ist groß wie die weite See.

Struppi macht sich über den zweiten mit gekochten Lachsresten gehäuften Teller her; für ihn ein weihnachtliches Festmahl.

Die große Liebe

Oh Du wundersames, schönes, helles Værøy,
ich trage Dich in meiner Seele.
Ich verlasse Dich, um schon ganz bald wieder zu
kommen.

Vom Duft der blühenden Kerbelwiesen nehme ich nur
eine Erinnerung an den unvergesslichen Lichtersommer als vagen Hauch mit nach Hause.

Die heile Welt

Der Friedhof am Meer
mit dem Ausblick auf den weiten Ozean.

Lurfjellet

Der Juli hat begonnen.

Es ist es mild. Ich spüre die Nähe des Fjordes.

Die Knospen des Mädesüß sind prall, können sich täglich öffnen. Dann wechseln die Blühaspekte schlagartig den Farbton.

Ein perlendes Weiß weicht einem eher ins cremefarbene gehenden Ton.

Die Wiesen der Täler sind so fett, wie die Höhen karg sind.

Elche treten aus dem Wald, finden reichlich saftiges Grün.

Zurück in die Nacht

So viel Licht.
Soviel wildes Land.
Ich komme aus dem Land des Lichts.
Heute quere ich den magischen 66. Breitengrad in südlicher Richtung.

Viele Sommerwochen habe ich in Lappland verbracht, im ewigen Licht gelebt. Jetzt kommt mir die Nacht mit großen Schritten entgegen.
Für den Schwermütigen fühlt sich dieser Lichtverlust ein wenig so an, als reise er den Gestaden des Todes entgegen.
Ich habe so viele Tote gesehen

Bahnstation Lønsdal

Ein sonnenklarer Tag geht zu Ende. Ein Mitternachts-
diolog mit der Bahnhofsvorsteherin folgt. Der Whisky
ist rein wie die Luft der Nacht.

Mitternacht in Mo I Rana

Null Uhr zehn in Mo I Rana, draußen ist es hell und ich
kann nicht schlafen, weil die Landschaft so leer und
der Kopf so voll ist.
Mit viel Wehmut blicke ich auf die glücklichen Mo-
mente der vergangenen Wochen in Lappland zurück.

Grenzlandschaften

Hoch oben im Børgefjell befindet sich der Quellgrund, aus dem die Vefsna entspringt.
Etwa 30 Kilometer südlich von Mosjøen stehe ich am Ufer.

Voller Donner und Groll stürzen die eisigen, türkisfarbenen Wasser am Laksforsen über glattgeschliffene Felskaskaden beinahe 20 Meter in die Tiefe.
Dieses Wasser ist meine Lähmung, meine unbändige Angst, mein Erstarren. Es ist unergründlich tief, kalt und sein Grün ist wie von kristallener Härte, gnadenlos.
Die Vefsna ist ohne Führung, ohne Band, bandlos, ungebändigt.

Mit steter Langsamkeit schiebt sie die Leiber der Aufgedunsenen auf ihren tiefen Grund. Einen großen Schauder löst dieser Fluss bei mir aus. Dieser Augenblick ist pures Unbehagen. Keine Minute länger werde ich am Ufer der Vefsna stehen; es zieht mich weg von hier.

Dem unwirtlichen Tal ziehe ich die raue Höhe vor. Hier sind die Ursprünge, hier ist alles weit und licht.

Heimfahrt

Norwegen verabschiedet sich mit Schnee Bergen, Härte und Tundra von mir.
Dazu überschüttet es mich mit viel blauem Himmel und wärmender Sonne.
Schweden empfängt mich ganz anders. Aus den Bergen gelange ich ins weite Waldland. Schwedens Empfang ist dezent und erschlagend schön. Bescheidener als mich Norwegen verlässt zeigt es sich heute ganz in Pastell über den Bergen, Seen und Wäldern.

Aus diesen nordischen Bergen komme ich, um die eintönigen Wälder des Ostens zu durchqueren. Sie scheinen kein Ende zu nehmen und sind so einsam, dass ich vergeblich suche, menschliches zu finden.

Ein Ren steht auf der Straße, kreuzt den Weg, geht zur Seite und ich fahre weiter durch die Leere. Ich liebe die Monotonie, das einfache Leben.

Meine musikalische Begleitung durch diese Übergangswelten sind die verzaubernden *Nocturnes* von Frédéric Chopin, eingespielt von Daniel Barenboim.
Wohl nichts in der Welt kann die Wehmut besser unterstreichen, als diese sanft angeschlagenen Töne.

Mein Herz ist im Einklang.
Ich durfte das Licht sehen.

Ich nehme Abschied von der Wildnis (das englische Wort *wilderness* klingt einfach archaischer und beschreibt sie als das, was sie wirklich ist...), den Rens und Bergen, den Wäldern und den Rotdrosseln, deren Sommer ich erleben durfte. Bisher verband ich sie nur mit dem Winter, wenn sie, oft in Gemeinschaft mit Krammetsvögeln, über die vollends ausgereiften, süßen Wildäfel in meinem Garten herfielen.

das schwedische Waldland

Es ist die Stunde des Wildes, als ich den Wald betrete.
Und da ist es wieder, das absolute Nichts, völlige Stille.
Diese Wälder sind licht, weit und völlig ruhig, so
ruhig, dass mir die Lautstärke meines eigenen Atmens
bewusst wird...

An einem Weiher halte ich erschrocken inne. Ein
Flußuferläufer, gestört durch meine Anwesenheit,
stößt schrill und laut seinen warnenden Ruf aus. Dann
fliegt er hinaus in die Stille der Nacht.
Dieser Platz ist gut. Hier werden wir nächtigen. Kurz
darauf knistert ein kleines Feuer. Ich koche Bohnen,
brate Speck dazu und Struppi verschlingt gekochten
Fisch.
Ach geht's uns gut...

Wichtig ist nur

Anfang und Ende
Lachen und Weinen
Schwarz und Weiß
Geburt und Tod
Freude und Schmerz
Erblühen und Vergehen.

Das Dazwischen verwischt,
wird unklar.

Übrig bleiben
verwelkte Blütenblätter
und abfließende braune Wasser.

Alles birgt Zauber.
Alles hat Wahn.

am Gäuta zwischen Tärnaby und Ajaureforsen

Der Abschied

Der Sommer geht, wir gehen.
Die Luft ist warm über dem seltsamen See, dem Storu-
man.
Doch warum sind heute so viele schwarze Vögel am
See des sommerblauen Wassers und türkisfarbenen
Himmels mit viel Phosphoreszenz?

Die schwarzen Vögel des Winters, der Kälte und des
Todes am phosphoreszierenden Sommersee mit viel
Licht und Wärme und Himmel, so blau blau, und Ab-
schied,
Du für dich und ich für mich, mein guter Freund.

Hoch über uns singt ein Vogel in der luftigen Welt. Er
lässt alles unter sich: Den See, die schwarzen Vögel,
den Phosphor, die atomare Masse und zwei Wesen
mit Schmerz, weil etwas zum Abschluss kommt.

Tündern und der Sommer und das große Schweigen,
in das wir treten, stehen uns bevor.
Die Welt des Sommers mit seinen schwitzenden Bu-
chenwäldern werden wir betreten.

Und heute der See, der Storuman, der Sommer die
Vorbereitung, so denke ich.

Junge Braunkehlchen, gerade flügge, wagen nicht den Zauber zu verbergen und zeigen es uns allen: Den Durchbruch.

Und wir 2, allein am Storuman, ohne die senkrechte luftige Welt des singenden Vogels, geben dem Bild keinen Abschied von Entladung; dem Abschied, der eine zarte Romanze verlangt.

Ein Abschied an die hellen Nächte,
an zwei Freunde,
an neue Erfahrungen,
an schwarze Vögel,
an den See,
an den Juli,
nachmittags in der Wärme der Sonne um fünf.

Atomphosphor ist die Farbe der Seele im Sommer.
Schwarz ist die Farbe der Vögel am phosphoreszierenden Atomgestade.

Ein jäher Abflug des Flußregenpfeifers,
ein Einfallen auf der Kiesbank,
ein ein- bis fünffaches Kopfnicken nach der Landung
am Wasser bedeutet:

Macht's gut Ihr zwei.

Notizen:
____

Notizen:

____

Dirk Eickmeyer bei Books on Demand GmbH

Wege - *Gedanken-Konglomerate voller Sehnsucht, Wehmut & Liebe*

Die Geschichten beschreiben unter anderem das Nachfühlen der Jahreszeiten, besonders um die Zeit der Tagundnachtgleichen.
Sie entstanden sowohl in Mainz, dem Rheingau und Rheinhessen, Westfalen und dem Lipperland, Nordhessen als auch im deutschen Nord- und Ostseeraum. Allerdings finden sich auch Geschichten aus nördlicheren Ländern, vereinzelt gar Bemerkungen ferner Welten.

erhältlich als:
eBook   6,99 €
Taschenbuch   9,99 €
ISBN: 9783738613230
156 Seiten

Laurin - *Traktat eines Wesens*

In dem Augenblick, da Laurin in mein Leben trat, hat die Veränderung in mir begonnen. Die Prozesse, die Laurin in mir auslöste, waren anfangs von schleichender Langsamkeit, dann überschlugen sie sich und begannen zu fließen.
Doch ich möchte nicht vorausgreifen.
Begonnen hat alles auf einem Feldweg im Nordosten eines kleinen, vergessenen Fürstentums...

erhältlich als:
eBook   6,99 €
Taschenbuch   9,99 €
ISBN: 9783738620818
116 Seiten

Pilgern in Skandinavien – *Tagebuchaufzeich-
nungen in Lappland*

Christen, Moslems, Juden, Buddhisten und Hin-
dus suchen besondere Orte auf. Sie machen
sich auf den Weg. Sie pilgern. Das Pilgern ist
somit nicht an einen der berühmten christ-
lichen Wallfahrtswege, gebunden. Vielmehr ist
der Pilger auf Pfaden unterwegs, die ihn zu sich
selbst führen. Dabei kommt er dem Ersehnten
unter Umständen ein wenig näher.
In Norwegisch Lappland liegt der Ort Kautokeino. Kautokeino soll so viel bedeuten wie *die
Mitte des Weges.*
Dort gibt es das *Nichts*, deshalb ist der Autor in
Kautokeino. Und das ist es, wonach er immer
gesucht hat.
Keine Ablenkung, nur das Wesentliche, die
Mitte des Weges, Kautokeino.
Es sind saisonal begrenzte Versuche, der Fülle
zu entgehen, um die Leere zu empfinden.
Pilgern bietet die Möglichkeit, sich mit elemen-
taren Fragen wie *'Was bleibt am Ende einer
Liebe?'*, *'Was bleibt am Ende eines Lebens?'*, *' Bin
ich gekommen, um zu gehen?'* oder *'Wo bin ich
zu Hause?'* auseinanderzusetzen.

erhältlich als:
eBook   6,99 €
Taschenbuch   9,99 €
ISBN: 9783735759733
100 Seiten

Dirk Eickmeyer, geboren 1959 in Ostwestfalen,
erlernte die Landwirtschaft und arbeitet heute
selbständig sowohl im Bereich der Medizin-
technik als auch als freier Autor. Er lebt in Bad
Salzuflen.